AF432477

DIESES BUCH
GEHÖRT:

____

____

____

____

Tour: _______________ Datum: _______________

Gipfel: _______________ Wanderzeit: _______________

Start: _______________ Pausenzeit: _______________

Ziel: _______________

Distanz: _______________

Etappe: _______________

Rastplätze/Hütten: _______________

Einkehrmöglichkeiten: _______________

Wetter: _______________

Seen: _______________

Flüsse: _______________

Wegbeschreibung: _______________

____

____

____

____

____

____

____

____

____

Besondere Momente:

Notizen/Bewertung:

Tour: _______________ Datum: _______________

Gipfel: _______________ Wanderzeit: _______________

Start: _______________ Pausenzeit: _______________

Ziel: _______________

Distanz: _______________

Etappe: _______________

Rastplätze/Hütten: _______________

Einkehrmöglichkeiten: _______________

Wetter: _______________

Seen: _______________

Flüsse: _______________

Wegbeschreibung: _______________

____

____

____

____

____

____

____

____

Besondere Momente:

____

____

____

Notizen/Bewertung:

____

____

Tour: Datum:

Gipfel: Wanderzeit:

Start: Pausenzeit:

Ziel:

Distanz:

Etappe:

Rastplätze/Hütten:

Einkehrmöglichkeiten:

Wetter:

Seen:

Flüsse:

Wegbeschreibung:

Besondere Momente:

Notizen/Bewertung:

Tour: _______________________ Datum: _______________________

Gipfel: _____________________ Wanderzeit: _________________

Start: ______________________ Pausenzeit: _________________

Ziel: ____

Distanz: ____

Etappe: ____

Rastplätze/Hütten: ______________________________________

Einkehrmöglichkeiten: ___________________________________

Wetter: ____

Seen: ____

Flüsse: ____

Wegbeschreibung: ____

____

____

____

____

____

____

____

____

____

Besondere Momente:

Notizen/Bewertung:

Tour: ______________ Datum: ______________

Gipfel: ______________ Wanderzeit: ______________

Start: ______________ Pausenzeit: ______________

Ziel: _______________________________________

Distanz: _______________________________________

Etappe: _______________________________________

Rastplätze/Hütten: _______________________________________

Einkehrmöglichkeiten: _______________________________________

Wetter: _______________________________________

Seen: _______________________________________

Flüsse: _______________________________________

Wegbeschreibung: _______________________________________

____

____

____

____

____

____

____

____

Besondere Momente:

Notizen/Bewertung:

Tour: _______________ Datum: _______________

Gipfel: _______________ Wanderzeit: _______________

Start: _______________ Pausenzeit: _______________

Ziel: _______________

Distanz: _______________

Etappe: _______________

Rastplätze/Hütten: _______________

Einkehrmöglichkeiten: _______________

Wetter: _______________

Seen: _______________

Flüsse: _______________

Wegbeschreibung: _______________

____

____

____

____

____

____

____

<u>Besondere Momente:</u>

<u>Notizen/Bewertung:</u>

Tour: _________________ Datum: _________________

Gipfel: _______________ Wanderzeit: _____________

Start: ________________ Pausenzeit: _____________

Ziel: ____

Distanz: ______________________________________

Etappe: _______________________________________

Rastplätze/Hütten: ____________________________

Einkehrmöglichkeiten: _________________________

Wetter: _______________________________________

Seen: ____

Flüsse: _______________________________________

Wegbeschreibung: ______________________________

____

____

____

____

____

____

____

____

____

Besondere Momente:

Notizen/Bewertung:

Tour: _______________ Datum: _______________

Gipfel: _____________ Wanderzeit: __________

Start: ______________ Pausenzeit: __________

Ziel: _______________________________________

Distanz: ____________________________________

Etappe: _____________________________________

Rastplätze/Hütten: __________________________

Einkehrmöglichkeiten: _______________________

Wetter: _____________________________________

Seen: _______________________________________

Flüsse: _____________________________________

Wegbeschreibung: ____________________________

____

____

____

____

____

____

____

____

Besondere Momente:

Notizen/Bewertung:

Tour: Datum:

Gipfel: Wanderzeit:

Start: Pausenzeit:

Ziel:

Distanz:

Etappe:

Rastplätze/Hütten:

Einkehrmöglichkeiten:

Wetter:

Seen:

Flüsse:

Wegbeschreibung:

Besondere Momente:

Notizen/Bewertung:

Tour: _____________________ Datum: _____________________

Gipfel: ___________________ Wanderzeit: ________________

Start: ____________________ Pausenzeit: ________________

Ziel: ____

Distanz: ____

Etappe: ____

Rastplätze/Hütten: ____________________________________

Einkehrmöglichkeiten: _________________________________

Wetter: ____

Seen: ____

Flüsse: ____

Wegbeschreibung: ______________________________________

____

____

____

____

____

____

____

____

____

Besondere Momente:

Notizen/Bewertung:

Tour: _________________ Datum: _________________

Gipfel: _________________ Wanderzeit: _________________

Start: _________________ Pausenzeit: _________________

Ziel: ____

Distanz: ____

Etappe: ____

Rastplätze/Hütten: ____

Einkehrmöglichkeiten: ____

Wetter: ____

Seen: ____

Flüsse: ____

Wegbeschreibung: ____

____

____

____

____

____

____

____

____

____

Besondere Momente:

Notizen/Bewertung:

Tour: _____________ Datum: _____________

Gipfel: ___________ Wanderzeit: _________

Start: ____________ Pausenzeit: _________

Ziel: _______________________________

Distanz: ____________________________

Etappe: _____________________________

Rastplätze/Hütten: __________________

Einkehrmöglichkeiten: _______________

Wetter: _____________________________

Seen: _______________________________

Flüsse: _____________________________

Wegbeschreibung: ____________________

____

____

____

____

____

____

____

____

<u>Besondere Momente:</u>

____
____
____
____
____
____
____
____
____
____
____
____
____
____
____
____
____
____

<u>Notizen/Bewertung:</u>

____
____
____
____
____
____
____
____
____

Tour: _____________ Datum: _____________

Gipfel: _____________ Wanderzeit: _____________

Start: _____________ Pausenzeit: _____________

Ziel: _____________

Distanz: _____________

Etappe: _____________

Rastplätze/Hütten: _____________

Einkehrmöglichkeiten: _____________

Wetter: _____________

Seen: _____________

Flüsse: _____________

Wegbeschreibung:

____

____

____

____

____

____

____

____

____

____

Besondere Momente:

Notizen/Bewertung:

Tour: _______________ Datum: _______________

Gipfel: _______________ Wanderzeit: _______________

Start: _______________ Pausenzeit: _______________

Ziel: _______________

Distanz: _______________

Etappe: _______________

Rastplätze/Hütten: _______________

Einkehrmöglichkeiten: _______________

Wetter: _______________

Seen: _______________

Flüsse: _______________

Wegbeschreibung: _______________

____

____

____

____

____

____

____

____

____

Besondere Momente:

Notizen/Bewertung:

Tour: Datum:

Gipfel: Wanderzeit:

Start: Pausenzeit:

Ziel:

Distanz:

Etappe:

Rastplätze/Hütten:

Einkehrmöglichkeiten:

Wetter:

Seen:

Flüsse:

Wegbeschreibung:

Besondere Momente:

Notizen/Bewertung:

Tour: _______________ Datum: _______________

Gipfel: _______________ Wanderzeit: _______________

Start: _______________ Pausenzeit: _______________

Ziel: _______________

Distanz: _______________

Etappe: _______________

Rastplätze/Hütten: _______________

Einkehrmöglichkeiten: _______________

Wetter: _______________

Seen: _______________

Flüsse: _______________

Wegbeschreibung: _______________

____

____

____

____

____

____

____

____

____

____

<u>Besondere Momente:</u>

<u>Notizen/Bewertung:</u>

Tour: Datum:

Gipfel: Wanderzeit:

Start: Pausenzeit:

Ziel:

Distanz:

Etappe:

Rastplätze/Hütten:

Einkehrmöglichkeiten:

Wetter:

Seen:

Flüsse:

Wegbeschreibung:

Besondere Momente:

Notizen/Bewertung:

Tour: _______________ Datum: _______________

Gipfel: _____________ Wanderzeit: _____________

Start: _____________ Pausenzeit: _____________

Ziel: _______________________________________

Distanz: ____________________________________

Etappe: _____________________________________

Rastplätze/Hütten: __________________________

Einkehrmöglichkeiten: _______________________

Wetter: _____________________________________

Seen: _______________________________________

Flüsse: _____________________________________

Wegbeschreibung: ____________________________

____

____

____

____

____

____

____

____

____

____

<u>Besondere Momente:</u>

<u>Notizen/Bewertung:</u>

Tour: _______________________ Datum: _______________________

Gipfel: _____________________ Wanderzeit: __________________

Start: ______________________ Pausenzeit: __________________

Ziel: ____

Distanz: ____

Etappe: ____

Rastplätze/Hütten: ____

Einkehrmöglichkeiten: _______________________________________

Wetter: ____

Seen: ____

Flüsse: ____

Wegbeschreibung: ____

____

____

____

____

____

____

____

____

____

Besondere Momente:

Notizen/Bewertung:

Tour: _______________________ Datum: _______________________

Gipfel: _____________________ Wanderzeit: _________________

Start: ______________________ Pausenzeit: _________________

Ziel: ____

Distanz: ____

Etappe: ____

Rastplätze/Hütten: ____

Einkehrmöglichkeiten: _______________________________________

Wetter: ____

Seen: ____

Flüsse: ____

Wegbeschreibung: ____

____

____

____

____

____

____

____

____

____

Besondere Momente:

Notizen/Bewertung:

Tour: _________________ Datum: _________________

Gipfel: _______________ Wanderzeit: _____________

Start: ________________ Pausenzeit: _____________

Ziel: ____

Distanz: ______________________________________

Etappe: _______________________________________

Rastplätze/Hütten: ____________________________

Einkehrmöglichkeiten: _________________________

Wetter: _______________________________________

Seen: ____

Flüsse: _______________________________________

Wegbeschreibung: ______________________________

____

____

____

____

____

____

____

____

____

____

Besondere Momente:

Notizen/Bewertung:

Tour: Datum:

Gipfel: Wanderzeit:

Start: Pausenzeit:

Ziel:

Distanz:

Etappe:

Rastplätze/Hütten:

Einkehrmöglichkeiten:

Wetter:

Seen:

Flüsse:

Wegbeschreibung:

Besondere Momente:

Notizen/Bewertung:

Tour: ___________________ Datum: ___________________

Gipfel: ___________________ Wanderzeit: ___________________

Start: ___________________ Pausenzeit: ___________________

Ziel: ___________________

Distanz: ___________________

Etappe: ___________________

Rastplätze/Hütten: ___________________

Einkehrmöglichkeiten: ___________________

Wetter: ___________________

Seen: ___________________

Flüsse: ___________________

Wegbeschreibung:
____
____
____
____
____
____
____
____
____
____

Besondere Momente:

Notizen/Bewertung:

Tour: ______________ Datum: ______________

Gipfel: ______________ Wanderzeit: ______________

Start: ______________ Pausenzeit: ______________

Ziel: ______________

Distanz: ______________

Etappe: ______________

Rastplätze/Hütten: ______________

Einkehrmöglichkeiten: ______________

Wetter: ______________

Seen: ______________

Flüsse: ______________

Wegbeschreibung:
____
____
____
____
____
____
____
____
____
____

Besondere Momente:

Notizen/Bewertung:

Tour: _______________ Datum: _______________

Gipfel: _______________ Wanderzeit: _______________

Start: _______________ Pausenzeit: _______________

Ziel: _______________

Distanz: _______________

Etappe: _______________

Rastplätze/Hütten: _______________

Einkehrmöglichkeiten: _______________

Wetter: _______________

Seen: _______________

Flüsse: _______________

Wegbeschreibung: _______________

____

____

____

____

____

____

____

____

____

____

<u>Besondere Momente:</u>

<u>Notizen/Bewertung:</u>

Tour: _________________ Datum: _________________

Gipfel: _______________ Wanderzeit: _____________

Start: ________________ Pausenzeit: _____________

Ziel: ____

Distanz: ______________________________________

Etappe: _______________________________________

Rastplätze/Hütten: ____________________________

Einkehrmöglichkeiten: _________________________

Wetter: _______________________________________

Seen: ____

Flüsse: _______________________________________

Wegbeschreibung: ______________________________

____

____

____

____

____

____

____

____

____

____

Besondere Momente:

Notizen/Bewertung:

Tour: _______________ Datum: _______________

Gipfel: _______________ Wanderzeit: _______________

Start: _______________ Pausenzeit: _______________

Ziel: _______________

Distanz: _______________

Etappe: _______________

Rastplätze/Hütten: _______________

Einkehrmöglichkeiten: _______________

Wetter: _______________

Seen: _______________

Flüsse: _______________

Wegbeschreibung: _______________

____

____

____

____

____

____

____

____

Besondere Momente:

Notizen/Bewertung:

Tour: _______________________ Datum: _______________________

Gipfel: _____________________ Wanderzeit: _________________

Start: ______________________ Pausenzeit: _________________

Ziel: ____

Distanz: ____

Etappe: ____

Rastplätze/Hütten: ____

Einkehrmöglichkeiten: _______________________________________

Wetter: ____

Seen: ____

Flüsse: ____

Wegbeschreibung: ____

____

____

____

____

____

____

____

____

____

Besondere Momente:

Notizen/Bewertung:

Tour: _______________   Datum: _______________

Gipfel: _____________   Wanderzeit: ___________

Start: ______________   Pausenzeit: ___________

Ziel: ____

Distanz: ______________________________________

Etappe: _______________________________________

Rastplätze/Hütten: ____________________________

Einkehrmöglichkeiten: _________________________

Wetter: _______________________________________

Seen: ____

Flüsse: _______________________________________

Wegbeschreibung: ______________________________

____

____

____

____

____

____

____

____

____

____

Besondere Momente:

Notizen/Bewertung:

Tour: _______________ Datum: _______________

Gipfel: _______________ Wanderzeit: _______________

Start: _______________ Pausenzeit: _______________

Ziel: _______________

Distanz: _______________

Etappe: _______________

Rastplätze/Hütten: _______________

Einkehrmöglichkeiten: _______________

Wetter: _______________

Seen: _______________

Flüsse: _______________

Wegbeschreibung: _______________

____

____

____

____

____

____

____

____

____

<u>Besondere Momente:</u>

____
____
____
____
____
____
____
____
____
____
____
____
____
____
____
____
____
____

<u>Notizen/Bewertung:</u>

____
____
____
____
____
____
____
____

Tour: ___________________ Datum: ___________________

Gipfel: _________________ Wanderzeit: _____________

Start: __________________ Pausenzeit: _____________

Ziel: ___________________

Distanz: ________________

Etappe: _________________

Rastplätze/Hütten: _______________________________

Einkehrmöglichkeiten: ____________________________

Wetter: ____

Seen: ____

Flüsse: ____

Wegbeschreibung: ________________________________

____

____

____

____

____

____

____

____

____

____

____

Besondere Momente:

____
____
____
____
____
____
____
____
____
____
____
____
____
____
____
____
____
____

Notizen/Bewertung:

____
____
____
____
____
____
____
____
____
____

Tour: _______________ Datum: _______________

Gipfel: _____________ Wanderzeit: __________

Start: ______________ Pausenzeit: __________

Ziel: _______________________________________

Distanz: ____________________________________

Etappe: _____________________________________

Rastplätze/Hütten: __________________________

Einkehrmöglichkeiten: _______________________

Wetter: _____________________________________

Seen: _______________________________________

Flüsse: _____________________________________

Wegbeschreibung: ____________________________

____

____

____

____

____

____

____

____

____

____

<u>Besondere Momente:</u>

<u>Notizen/Bewertung:</u>

Tour: _______________ Datum: _______________

Gipfel: _______________ Wanderzeit: _______________

Start: _______________ Pausenzeit: _______________

Ziel: _______________

Distanz: _______________

Etappe: _______________

Rastplätze/Hütten: _______________

Einkehrmöglichkeiten: _______________

Wetter: _______________

Seen: _______________

Flüsse: _______________

Wegbeschreibung: _______________

____

____

____

____

____

____

____

____

Besondere Momente:

Notizen/Bewertung:

Tour: _______________ Datum: _______________

Gipfel: _____________ Wanderzeit: _________

Start: ______________ Pausenzeit: _________

Ziel: _______________________________________

Distanz: ____________________________________

Etappe: _____________________________________

Rastplätze/Hütten: __________________________

Einkehrmöglichkeiten: _______________________

Wetter: _____________________________________

Seen: _______________________________________

Flüsse: _____________________________________

Wegbeschreibung: ____________________________

____

____

____

____

____

____

____

____

____

____

<u>Besondere Momente:</u>

<u>Notizen/Bewertung:</u>

Tour: _______________________ Datum: _______________________

Gipfel: _____________________ Wanderzeit: _________________

Start: ______________________ Pausenzeit: _________________

Ziel: ____

Distanz: ____

Etappe: ____

Rastplätze/Hütten: ____________________________________

Einkehrmöglichkeiten: _________________________________

Wetter: ____

Seen: ____

Flüsse: ____

Wegbeschreibung: _____________________________________

____

____

____

____

____

____

____

____

____

____

Besondere Momente:

Notizen/Bewertung:

Tour: _______________ Datum: _______________

Gipfel: _____________ Wanderzeit: ___________

Start: ______________ Pausenzeit: ___________

Ziel: ____

Distanz: ______________________________________

Etappe: _______________________________________

Rastplätze/Hütten: ____________________________

Einkehrmöglichkeiten: _________________________

Wetter: _______________________________________

Seen: ____

Flüsse: _______________________________________

Wegbeschreibung: ______________________________

____

____

____

____

____

____

____

____

____

____

Besondere Momente:

Notizen/Bewertung:

Tour: _______________ Datum: _______________

Gipfel: _____________ Wanderzeit: _________

Start: ______________ Pausenzeit: _________

Ziel: _______________________________

Distanz: ____________________________

Etappe: _____________________________

Rastplätze/Hütten: ___________________

Einkehrmöglichkeiten: ________________

Wetter: _____________________________

Seen: _______________________________

Flüsse: _____________________________

Wegbeschreibung: ____________________

____

____

____

____

____

____

____

____

____

____

<u>Besondere Momente:</u>

<u>Notizen/Bewertung:</u>

Tour: Datum:

Gipfel: Wanderzeit:

Start: Pausenzeit:

Ziel:

Distanz:

Etappe:

Rastplätze/Hütten:

Einkehrmöglichkeiten:

Wetter:

Seen:

Flüsse:

Wegbeschreibung:

<u>Besondere Momente:</u>

<u>Notizen/Bewertung:</u>

Tour: _______________ Datum: _______________

Gipfel: _______________ Wanderzeit: _______________

Start: _______________ Pausenzeit: _______________

Ziel: _______________

Distanz: _______________

Etappe: _______________

Rastplätze/Hütten: _______________

Einkehrmöglichkeiten: _______________

Wetter: _______________

Seen: _______________

Flüsse: _______________

Wegbeschreibung: _______________

____

____

____

____

____

____

____

____

____

Besondere Momente:

____
____
____
____
____
____
____
____
____
____
____
____
____
____
____
____
____
____

Notizen/Bewertung:

____
____
____
____
____
____
____
____

Tour: _______________ Datum: _______________

Gipfel: _______________ Wanderzeit: _______________

Start: _______________ Pausenzeit: _______________

Ziel: _______________

Distanz: _______________

Etappe: _______________

Rastplätze/Hütten: _______________

Einkehrmöglichkeiten: _______________

Wetter: _______________

Seen: _______________

Flüsse: _______________

Wegbeschreibung: _______________

____

____

____

____

____

____

____

____

____

____

<u>Besondere Momente:</u>

<u>Notizen/Bewertung:</u>

Tour: _______________________ Datum: _______________________

Gipfel: _____________________ Wanderzeit: _________________

Start: ______________________ Pausenzeit: _________________

Ziel: ____

Distanz: ____

Etappe: ____

Rastplätze/Hütten: ___________________________________

Einkehrmöglichkeiten: ________________________________

Wetter: ____

Seen: ____

Flüsse: ____

Wegbeschreibung: ____________________________________

____

____

____

____

____

____

____

____

____

____

____

Besondere Momente:

Notizen/Bewertung:

Tour: _________________ Datum: _________________

Gipfel: _______________ Wanderzeit: _____________

Start: ________________ Pausenzeit: _____________

Ziel: ____

Distanz: ____

Etappe: ____

Rastplätze/Hütten: ______________________________

Einkehrmöglichkeiten: ___________________________

Wetter: ____

Seen: ____

Flüsse: ____

Wegbeschreibung: ________________________________

____

____

____

____

____

____

____

____

____

<u>Besondere Momente:</u>

<u>Notizen/Bewertung:</u>

Tour: _______________ Datum: _______________

Gipfel: _______________ Wanderzeit: _______________

Start: _______________ Pausenzeit: _______________

Ziel: _______________

Distanz: _______________

Etappe: _______________

Rastplätze/Hütten: _______________

Einkehrmöglichkeiten: _______________

Wetter: _______________

Seen: _______________

Flüsse: _______________

Wegbeschreibung: _______________

____

____

____

____

____

____

____

____

____

Besondere Momente:

Notizen/Bewertung:

Tour: Datum:

Gipfel: Wanderzeit:

Start: Pausenzeit:

Ziel:

Distanz:

Etappe:

Rastplätze/Hütten:

Einkehrmöglichkeiten:

Wetter:

Seen:

Flüsse:

Wegbeschreibung:

Besondere Momente:

Notizen/Bewertung:

Tour: _______________ Datum: _______________

Gipfel: _____________ Wanderzeit: _________

Start: ______________ Pausenzeit: _________

Ziel: _______________________________

Distanz: ____________________________

Etappe: _____________________________

Rastplätze/Hütten: __________________

Einkehrmöglichkeiten: _______________

Wetter: _____________________________

Seen: _______________________________

Flüsse: _____________________________

Wegbeschreibung: ____________________

____

____

____

____

____

____

____

____

____

____

Besondere Momente:

Notizen/Bewertung:

Tour: _______________ Datum: _______________

Gipfel: _______________ Wanderzeit: _______________

Start: _______________ Pausenzeit: _______________

Ziel: _______________

Distanz: _______________

Etappe: _______________

Rastplätze/Hütten: _______________

Einkehrmöglichkeiten: _______________

Wetter: _______________

Seen: _______________

Flüsse: _______________

Wegbeschreibung: _______________

____

____

____

____

____

____

____

____

____

____

____

____

Besondere Momente:

____

Notizen/Bewertung:

Tour: Datum:

Gipfel: Wanderzeit:

Start: Pausenzeit:

Ziel:

Distanz:

Etappe:

Rastplätze/Hütten:

Einkehrmöglichkeiten:

Wetter:

Seen:

Flüsse:

Wegbeschreibung:

<u>Besondere Momente:</u>

____
____
____
____
____
____
____
____
____
____
____
____
____
____
____
____
____
____

<u>Notizen/Bewertung:</u>

____
____
____
____
____
____
____
____

Tour: Datum:

Gipfel: Wanderzeit:

Start: Pausenzeit:

Ziel:

Distanz:

Etappe:

Rastplätze/Hütten:

Einkehrmöglichkeiten:

Wetter:

Seen:

Flüsse:

Wegbeschreibung:

<u>Besondere Momente:</u>

<u>Notizen/Bewertung:</u>

Tour: _________________ Datum: _________________

Gipfel: _________________ Wanderzeit: _________________

Start: _________________ Pausenzeit: _________________

Ziel: ____

Distanz: ____

Etappe: ____

Rastplätze/Hütten: __________________________________

Einkehrmöglichkeiten: _______________________________

Wetter: ____

Seen: ____

Flüsse: ____

Wegbeschreibung: ____________________________________

____

____

____

____

____

____

____

____

____

____

<u>Besondere Momente:</u>

<u>Notizen/Bewertung:</u>

Tour: _____________ Datum: _____________

Gipfel: _____________ Wanderzeit: _____________

Start: _____________ Pausenzeit: _____________

Ziel: _______________________________

Distanz: _______________________________

Etappe: _______________________________

Rastplätze/Hütten: _______________________________

Einkehrmöglichkeiten: _______________________________

Wetter: _______________________________

Seen: _______________________________

Flüsse: _______________________________

Wegbeschreibung: _______________________________

____

____

____

____

____

____

____

____

____

<u>Besondere Momente:</u>

<u>Notizen/Bewertung:</u>

Tour: Datum:

Gipfel: Wanderzeit:

Start: Pausenzeit:

Ziel:

Distanz:

Etappe:

Rastplätze/Hütten:

Einkehrmöglichkeiten:

Wetter:

Seen:

Flüsse:

Wegbeschreibung:

Besondere Momente:

Notizen/Bewertung:

© 2019 Patrick Meyer
1. Auflage
Alle Rechte vorbehalten
Druck: Amazon Media EU S.à r.l.Rue Plaetis - 2338 Luxemburg
Das Werk, einschließlich seiner Teile, ist urheberrechtlich geschützt.
Jede Verwertung ist ohne Zustimmung des Verlages und des Autors unzulässig.
Umschlaggestaltung, Illustration: Patrick Meyer
Veröffentlich von: Patrick Meyer
Independently published
PATRICK MEYER, HÜBSCHSTRAßE 18, 95448 BAYREUTH
patrick-meyer-92@web.de

www.ingramcontent.com/pod-product-compliance
Lightning Source LLC
Chambersburg PA
CBHW061333140726
47997CB00003B/968